EXPLORA
CON LA
MAGIA
AF192577

Componentes

- ★ Pegatinas
- ★ Varita mágica
- ★ Tablero de juego
- ★ Póster

Índice

Texto: Mar Benegas
Ilustraciones: Cristina de Cos-Estrada

© SUSAETA EDICIONES, S.A.
C/ Campezo, 13 - 28022 Madrid
Tel.: 91 3009100 - Fax: 91 3009118
www.susaeta.com

Trucos con monedas

La moneda que se esfuma

EFECTO...

La moneda desaparecerá de tus manos... ¡ante los ojos de todos!

NECESITAS

★ Una moneda que no sea muy grande (para poder manejarla con soltura).

★ Y, por supuesto, tus manos...

I Con este truco puedes comenzar una sesión de magia y que el público quede impactado. Podrías decir el famosísimo «nada por aquí, nada por allá» mientras enseñas las manos.

★ **Importante** ★

El público solo debe ver las palmas de tus manos; el dorso lo verás únicamente tú.

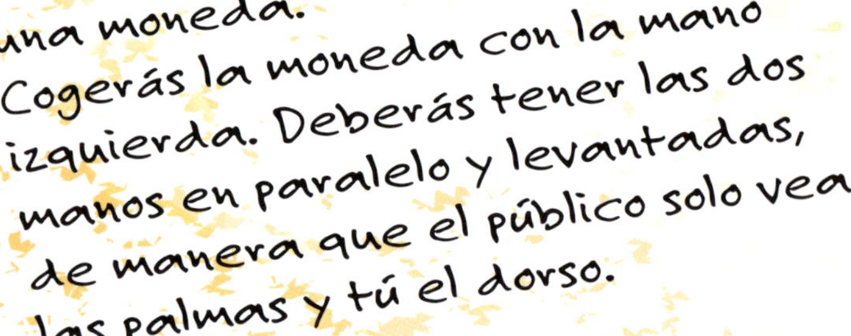

2 Después mostrarás una moneda. Cogerás la moneda con la mano izquierda. Deberás tener las dos manos en paralelo y levantadas, de manera que el público solo vea las palmas y tú el dorso.

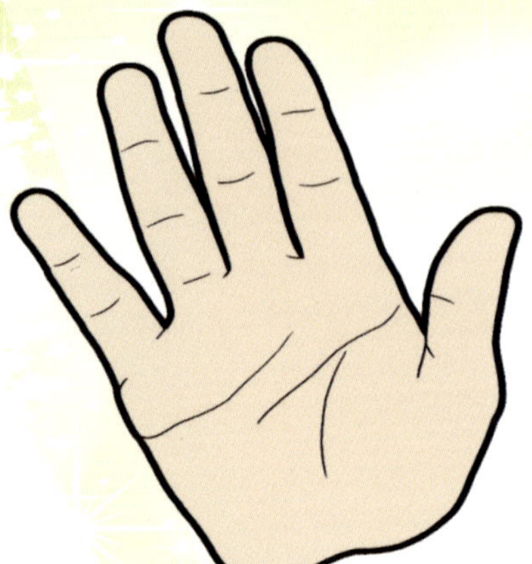

3 Con la mano izquierda acercarás la moneda a la mano derecha. Es muy IMPORTANTE que sujetes la moneda CON LOS DEDOS EXTENDIDOS; de este modo el resto de los dedos podrán «tapar» el movimiento de ocultación de la moneda. Mientras acercas la moneda, irás cerrando los dedos de la mano derecha.

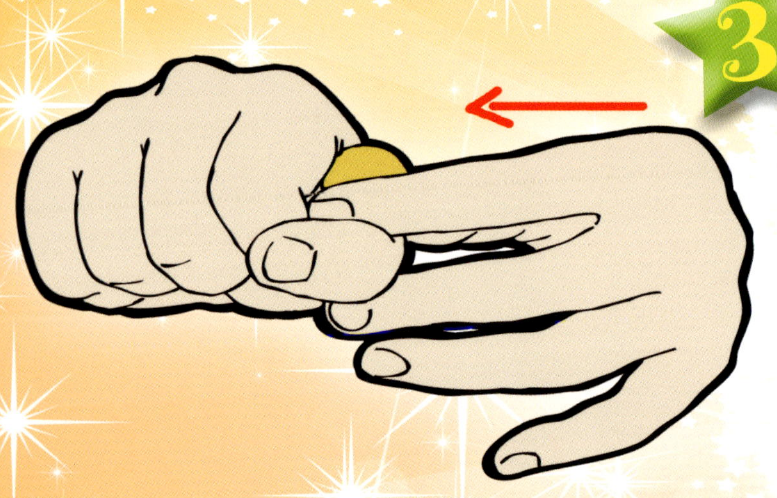

4 Cuando acerques la moneda a la mano derecha deberás hacer el MOVIMIENTO MÁGICO: harás creer a todos que metes la moneda en el hueco de la mano derecha pero, EN LUGAR DE METERLA EN ESE HUECO, tendrás que sujetarla con el dedo pulgar sobre el dorso de la mano derecha, justo en el espacio que queda entre el pulgar y el índice (pero en el dorso, no en la palma, ¿eh?) Y DESLIZARLA POR EL DORSO DE LA MANO HASTA DEJARLA POSADA SOBRE EL ÁNGULO DE LA MUÑECA.

Así lo ves tú...

...y así lo ven ellos.

5 Entonces puedes abrir las dos manos y LA MONEDA HABRÁ DESAPARECIDO. Ellos solo verán las dos palmas vacías.

6 Para que la moneda vuelva a APARECER tendrás que hacer el mismo movimiento, pero justo al revés de como lo has hecho antes. Después de cerrar la mano derecha, acercarás la izquierda como si fueras a sacar la moneda de dentro y harás exactamente el mismo movimiento para recuperar la moneda, QUE SIGUE APOYADA EN EL DORSO DE TU MANO, justo sobre la muñeca. Entonces... ¡TACHÁN! La moneda habrá vuelto a tu mano.

★ **Consejo mágico** ★

Este tipo de trucos tienen que practicarse primero con mucha lentitud, hasta que consigas hacer los movimientos con total naturalidad. Después podrás ir cogiendo velocidad y hacerlos de manera que no se noten.

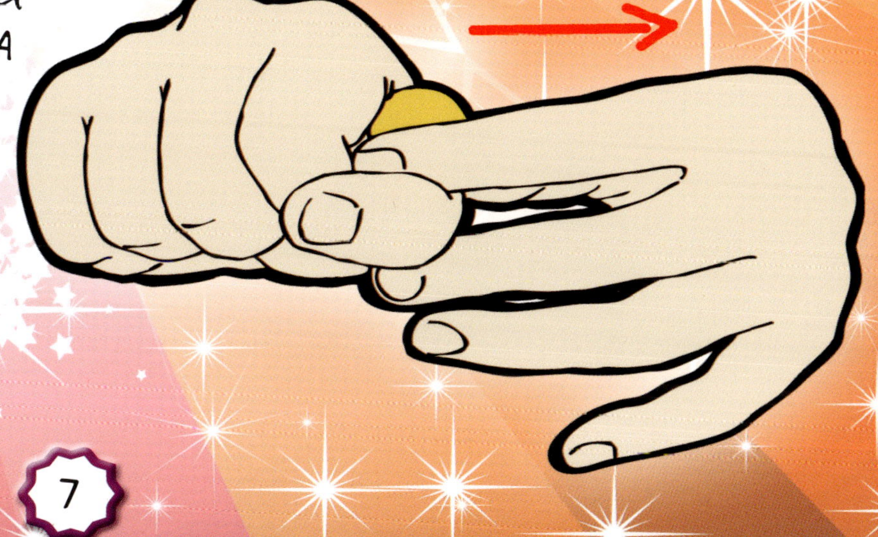

La moneda suspendida en el aire

NECESITAS

★ Dos monedas que no pesen mucho. Puedes pedírselas prestadas al público (eso aumentará el efecto del truco).

★ Un imán muy pequeño, que quepa en la yema de tu dedo índice sin que sobresalgan los bordes.

★ Cinta adhesiva de doble cara (del diámetro del imán).

1

Con un trozo de cinta adhesiva de doble cara, pégate el pequeño imán en el dedo índice de la mano izquierda (si eres diestro), o de la mano derecha (si eres zurdo). ¡Ojo, que no se vea!

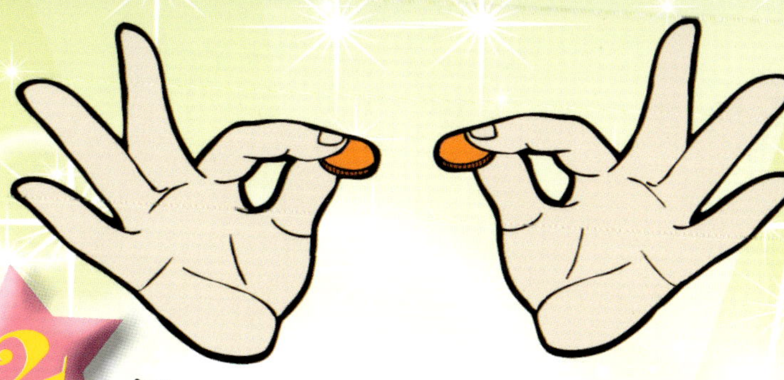

2 El público debe estar frente a ti. Para presentar el truco dirás que vas a conseguir que una de las monedas flote: «Fijaos bien, una de estas monedas se quedará suspendida en el aire».

3 EJECUCIÓN DEL TRUCO: cuando cojas las monedas tendrás que hacerlo con los dedos índice y pulgar, una con cada mano. De esta manera, la moneda que toque el imán de tu dedo índice quedará imantada.

¡El truco del almendruco!

4 Después, ¡el golpe de magia! Al acercar ambas monedas, con mucho teatro y explicando que una de ellas flotará, la moneda imantada se pegará a la otra. De este modo podrás soltar la que quede abajo y se quedará pegada a la de arriba, ¡flotando debajo de ella!

★ Consejo mágico ★

Al terminar, si vas a seguir con más trucos, puedes dejar caer el imán debajo de la mesa o, disimulando, meterlo en un bolsillo...

Como último golpe de efecto, puedes hacerla girar sobre sí misma.

La migración de la moneda

NECESITAS

★ Dos monedas iguales, no muy grandes.

★ Tus manos, claro...

★ Una mesa y una silla.

★ ¡Mucha rapidez de movimientos!

EFECTO...

Conseguir que la moneda pase de una mano a otra. Con un golpe «mágico» atravesará la mano y aparecerá en la otra.

★ **Consejo mágico** ★
Si puedes, elige monedas de cobre, pues pesan menos.

1 Presentas el truco. Vas a hacer telequinesis (mover los objetos con la fuerza mental). Con un solo movimiento mágico pasarás de tener una moneda en cada mano a tener dos en una y nada en la otra.

2 Sentado delante de la mesa, pondrás una moneda en cada mano con las palmas abiertas hacia arriba, para que las vean bien. No separes mucho una mano de la otra, porque de eso depende el efecto.

3 AQUÍ VIENE EL TRUCO. Es importante que mires al público para que este te mire a la cara y no a las manos. Con un único movimiento muy muy rápido, al dar la vuelta a las manos «lanzarás» una moneda de una mano a otra. Si lo haces con suficiente rapidez, no podrán ver su trayectoria.

¡Así se hace!

Para conseguir un efecto más teatral cuenta una historia sobre las monedas.

4 Cuando levantes de nuevo las manos: ¡TACHÁN! En una mano tendrás DOS MONEDAS y en la otra NINGUNA.

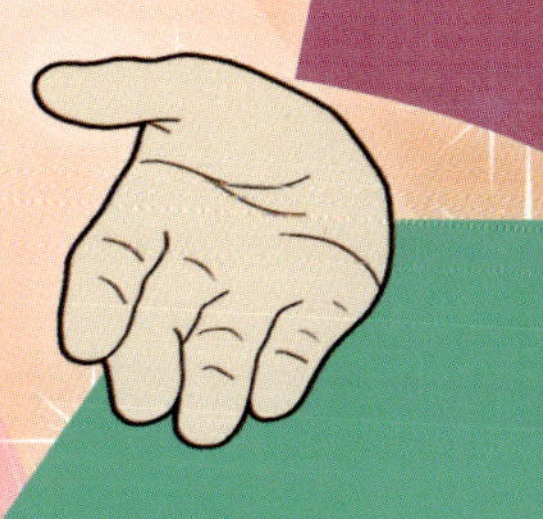

★ **Consejo mágico** ★
Practica el truco muchas veces para que, a la hora de presentarlo, tengas la confianza de que saldrá a la perfección.

Desaparición de una moneda sobre la mesa

NECESITAS

★ Una moneda.

★ Una mesa y una silla.

★ Tus manos.

1

Este truco no necesita presentación. Es mejor si tan solo nos quedamos con el impacto. Únicamente tendrás que llamar la atención del público sobre la moneda.

2 La moneda estará sobre la mesa. Tienes que estar sentado.

¡Truco clásico!

Todo mago que se precie debe dominar este truco. Sencillo y rápido, puede ser espectacular.

3 Con los dedos de la mano arrastrarás la moneda, como si fueras a cogerla. Cuando llegue al borde de la mesa la tomarás con la mano... O ESO CREERÁ EL PÚBLICO, PORQUE REALMENTE LA DEJARÁS CAER SOBRE LAS PIERNAS.

4 Soplarás sobre la mano y, al abrirla, YA NO ESTARÁ LA MONEDA.

★ Consejo mágico ★
Primero debes practicar con la moneda en la mano. Repite el movimiento hasta que te atrevas a soltar la moneda de manera natural.

La hucha humana

NECESITAS

★ Una moneda.

★ Una mesa y una silla.

★ Tus manos.

★ ¡Es importante llevar manga corta!

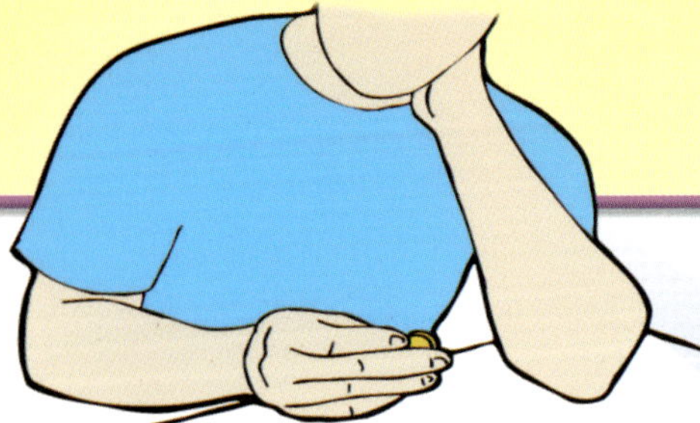

1 Tienes que estar sentado. Apoyarás el codo del brazo izquierdo sobre la mesa y posarás la mano izquierda sobre el cuello, como cuando te sujetas la cabeza con la mano en la mejilla, pero en lugar de tenerla en la mejilla la apoyarás en el cuello. Es una postura muy cómoda. Repetirás varias veces que vas a convertir tu brazo en una hucha, que el brazo se tragará la moneda.

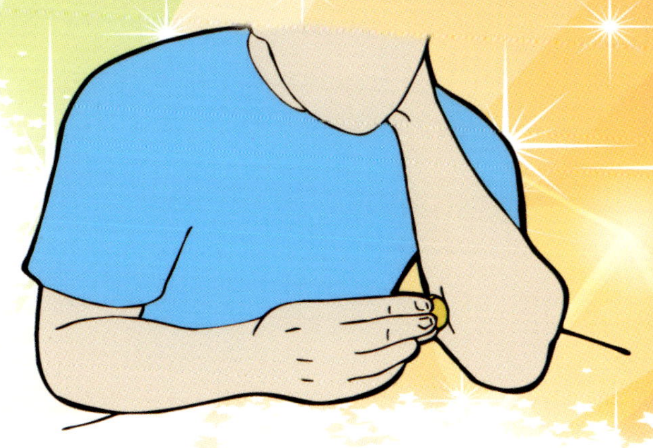

2 Acercarás la moneda a la parte del brazo que queda visible al público e intentarás introducirla por la carne.

3 Tienes que coger la moneda con tres dedos de la mano derecha —el pulgar, el índice y el corazón—, como si realmente fueses a introducir una moneda por la ranura de una hucha. Para que vean bien el movimiento, repítelo varias veces.

IMPORTANTE
Cuando hagas este movimiento con la moneda en la mano, tápala bien: ahí está la clave del truco.

4 «¡Vamos allá!», dirás mientras empujas la moneda, presionando sobre el brazo (recuerda que la moneda no se verá). Entonces la dejarás caer. Puedes decir «¡Ooooh! Lo siento, no ha salido bien; será que necesito más concentración...».
LA CLAVE DE ESTE TRUCO ESTÁ EN CÓMO RECOGES LA MONEDA. En lugar de cogerla con la mano derecha, que es la que tienes libre y que sería el movimiento más natural, TIENES QUE RECOGERLA CON LA IZQUIERDA. SÍ, LA QUE TIENES APOYADA EN EL CUELLO.

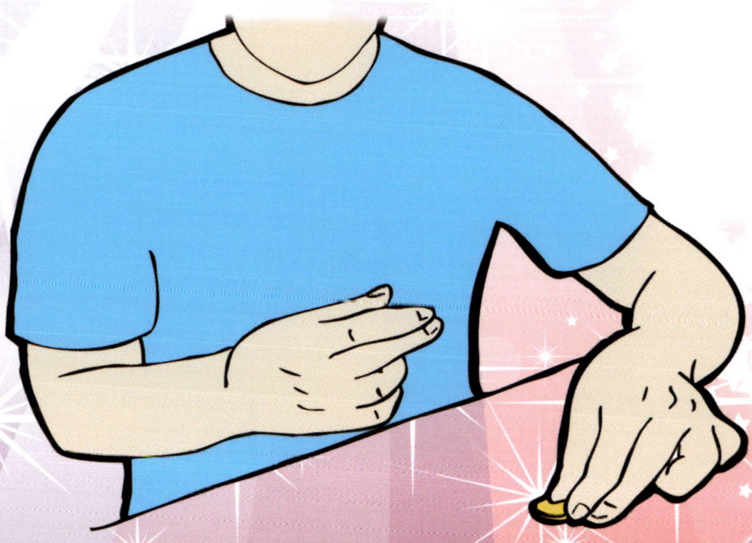

5 Después pasarás, con naturalidad, la moneda de la mano izquierda a la derecha, con los dedos extendidos, de manera que la moneda quede «tapada» por ellos.

6 LA DEFINITIVA: la última vez que dejes caer la moneda, en lugar de pasarla de una mano a otra, HARÁS EL MOVIMIENTO, igual que si la hubieras pasado, PERO EN REALIDAD TE LA LLEVARÁS AL CUELLO CON LA MANO IZQUIERDA.

¡Importante!

Repite los pasos 4 y 5 varias veces para crear tensión.

7 Repetirás el movimiento de introducir la moneda en la «ranura» del brazo, empujando con los dedos, como antes. EL PÚBLICO CREERÁ QUE TIENES LA MONEDA ENTRE LOS DEDOS, pero en realidad está oculta bajo la mano que tienes en el cuello. ¡TACHÁN! Abrirás la mano derecha y... ¡LA MONEDA HA ATRAVESADO EL BRAZO!

★ Consejo mágico ★

Si en este último paso te pellizcas un poco el brazo antes de hacer creer que la moneda ha entrado por fin, verán esa marca y... ¡alucinarán! «Ha entrado por ahí», exclamarán.

El agua mágica

DIFICULTAD
Fácil.
Practicar y practicar.

NECESITAS

★ Una moneda.

★ Un vaso de cristal transparente con agua.

★ Un pañuelo, tan grande como para cubrir el vaso y la mano que lo sostiene por completo.

★ **Consejo mágico** ★

Para que el público vea que es agua de verdad puedes dar a probar un sorbo. De esa manera será más impactante ver desaparecer la moneda.

1

Tomarás el pañuelo con una mano y la moneda con la otra. Habrás dejado el vaso con agua sobre la mesa. Este truco es mejor realizarlo de pie.

Introducirás la moneda bajo el pañuelo, en el centro, de manera que SE VEA MUY BIEN que está ahí debajo. Tomando la moneda con la tela por encima, el pañuelo ha de caer hacia abajo, como si fuera un fantasma.

Después tomarás el vaso con la mano libre y lo cubrirás con el pañuelo, de manera que la moneda quede sobre el vaso.

¡Importante!

El vaso no debe quedar en el centro de tu mano, sino un poco más arriba, hacia los dedos, inclinando un poco el vaso hacia delante. Así quedará un hueco libre en la mano para poder deslizar la moneda.

Aquí dirás: «Bien, ahora voy a introducir la moneda en el agua. Voy a dejarla caer dentro y podréis verla».

5

Después destaparás el vaso. Para que no se fijen muy bien y descubran el truco, le pondrás un poco de teatro: «Bien, amigos, ahí tenemos la moneda, dentro del vaso. Ahora lo volveré a tapar y, con un pase mágico, convertiré la moneda... ¡EN AGUA!».

¡El secreto!

Cuando finjas que echas la moneda al agua, en realidad la deslizarás entre el vaso y tu mano. Al destapar, ellos verán la moneda dentro del agua pero en realidad, estará sobre tu mano, debajo del cristal.

6

Una vez vuelto a tapar el vaso con el pañuelo, lo despegarás de tu palma (sin que se note mucho) y sacarás la moneda de la vista, cogiendo el vaso con los dedos pulgar, índice y corazón, y sujetando y escondiendo la moneda con el meñique y el anular. Sujetando el vaso entre los dedos, quitarás el pañuelo: ¡TACHÁN! ¡La moneda ya no está «dentro» del vaso!

★ **Consejo mágico** ★

Debes intentar atrapar la mirada del público. De esta manera no la desviarán hacia los objetos que utilizas para hacer el truco.

¿Dónde está la moneda?

NECESITAS

★ Una moneda.

★ Tus manos.

¡Una técnica clásica!

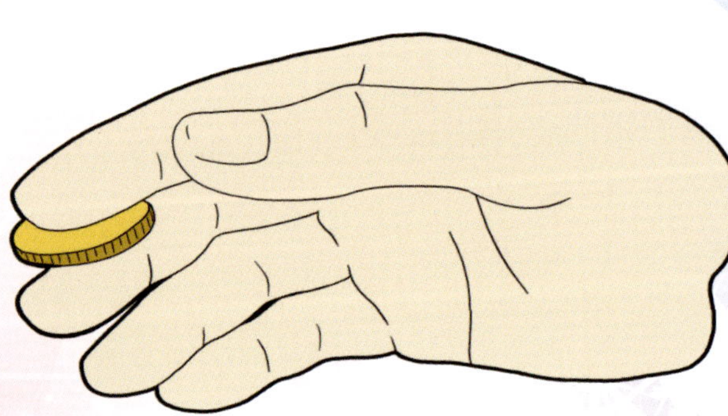

I Sujetarás una moneda con la mano derecha, entre los dedos índice y corazón.

2

Con la mano izquierda abierta pondrás la moneda sobre la palma. Para hacer este movimiento, primero habrás cerrado la mano derecha, con la moneda dentro. Es un movimiento de «engaño», porque, la próxima vez que lo hagas, en ese movimiento esconderás la moneda. Después cerrarás el puño izquierdo (con la moneda ya en esa mano). Apretarás fuerte, como si estuvieras rompiendo la moneda, y abrirás de nuevo la mano mirando al público y diciendo: «La he destruido con mi fuerza».

3

Puedes repetir el paso anterior varias veces para que parezca que no te sale el truco.

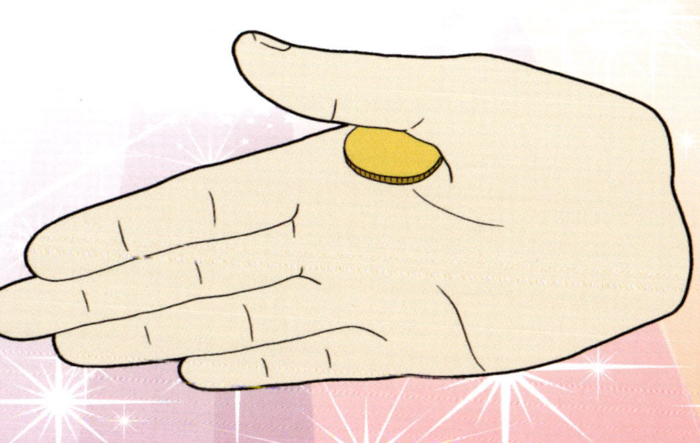

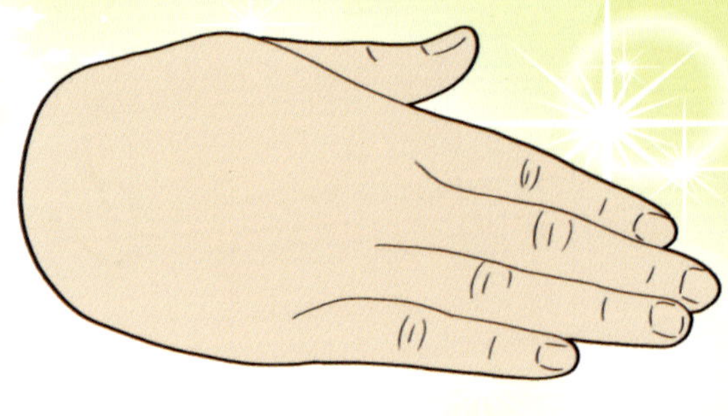

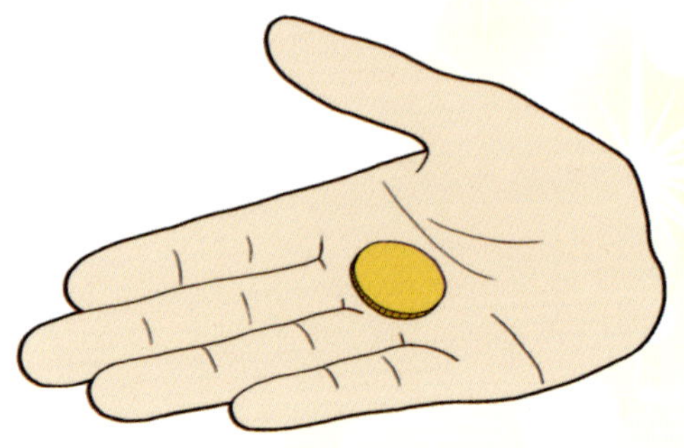

4 EL TRUCO O «PINZAJE A LA ITALIANA». Para que desaparezca la moneda, al hacer el movimiento de cerrar la mano derecha para «dejar» la moneda sobre la izquierda, tienes que empujar esta con el pulgar y el dedo índice. Recuerda que debes sujetar la moneda de la manera que te indicamos en el PASO 1. Al empujarla con el índice tienes que «esconderla» sujetándola en el hueco que queda entre el dedo pulgar y el índice, así:

5 Cuando tu mano derecha llegue a la izquierda, habrás dejado la moneda en la derecha, escondida en el dedo pulgar, pero harás como si todavía estuviera ahí, entre tus dedos. La «dejarás» y cerrarás la mano. Puedes dejar caer la mano derecha (donde está la moneda realmente). Volverás a hacer fuerza, como si estuvieras rompiendo la moneda con la mano, repitiendo el pequeño teatro que te hemos contado en el PASO 2, pero... ¡TACHÁN! Ahora... ¡sí habrá desaparecido!

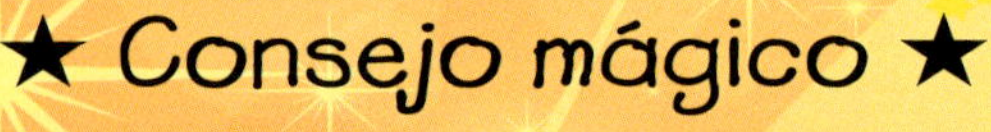

★ Consejo mágico ★

La ilusión se consigue haciendo creer a los demás en la magia y en las cosas imposibles. Un mago debe crear la ilusión para hacer bien sus trucos.

Trucos con objetos

El pañuelo que crece

NECESITAS

★ Un pañuelo o servilleta de tela (que sea lo más grande que puedas ocultar en tus manos sin que se note).

1

Sujétalo de forma que la mayor parte del pañuelo quede oculta en tus puños y se muestre solo una pequeña porción. EL PÚBLICO NO TIENE QUE DARSE CUENTA.

Lo que va a suceder es que quien te mire va a «ver» una ilusión óptica; verá algo que en realidad no está sucediendo. Por eso es importante que hagas correctamente los movimientos. El primer movimiento, antes de que el pañuelo comience a crecer, es darle vueltas para enrollarlo sobre sí mismo, como si estuvieras jugando a la comba.

Mientras haces este movimiento, tendrás que ir SOLTANDO muy poco a poco, A CÁMARA LENTA, el pañuelo que tienes escondido en ambos puños.

Y... más difícil todavía, a la vez ir separando las manos. Así conseguirás LA SENSACIÓN DE QUE EL PAÑUELO CRECE.

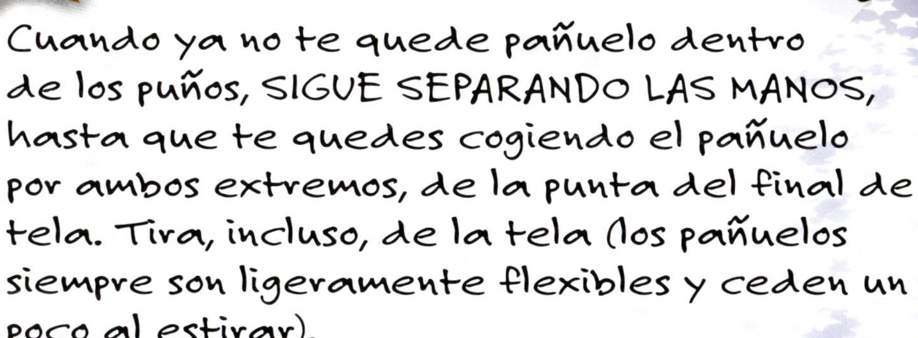

5 Cuando ya no te quede pañuelo dentro de los puños, SIGUE SEPARANDO LAS MANOS, hasta que te quedes cogiendo el pañuelo por ambos extremos, de la punta del final de tela. Tira, incluso, de la tela (los pañuelos siempre son ligeramente flexibles y ceden un poco al estirar).

6 A la vez que realizas estos movimientos, debes también abrir los codos, COMO SI SUJETARAS ALGO MUY, MUY LARGO.

Todos estos movimientos, realizados a la vez, conseguirán que el público VEA CRECER EL PAÑUELO ANTE SUS OJOS.

¡El truco del almendruco!

★ **Consejo mágico** ★

Puedes contar algún chiste o anécdota para distraer la atención del público cuando necesites que no vean lo que estás haciendo.

Las cuerdas que cambian de tamaño

NECESITAS

★ Una cuerda o cordón de 15 cm.

★ Una cuerda o cordón de 40 cm.

★ Una cuerda o cordón de 80 cm.

★ Tus manos y un poco de práctica.

I Para empezar, les dirás lo que tienes sobre la mesa: TRES CUERDAS. Una cuerda corta (se la muestras), una cuerda mediana (se la muestras) y una cuerda larga (se la muestras también). Puedes dejar que las inspeccionen, que vean que son NORMALES y se queden más tranquilos.

2

Después tomarás la más pequeña, diciendo: «Ahora cogeré la cuerda pequeña». Entonces, la dejarás pegada al hueco que hay entre el pulgar y el índice, sujetándola con la horca del pulgar, con la palma abierta y los dedos extendidos. Así:

3

Después harás lo mismo con la cuerda mediana y con la larga. Quedarán los tres cabos asomando por arriba, uno junto al otro, como ves en la imagen.

4

Y por fin viene EL TRUCO. Tienes que decir: «Ahora volvemos a empezar. Coloco el otro extremo de la cuerda corta al lado del de la larga. Ahora hay cuatro cabos». Sin embargo, lo pondrás en EL LUGAR ANTERIOR, es decir, colocarás el segundo cabo de la cuerda corta ANTES QUE EL DE LA LARGA, pasándolo por detrás. El lazo que queda NO PUEDE VERSE, estará escondido en la palma de tu mano Y NADIE SE DARÁ CUENTA DEL TRUCO.

5 Después pondrás los otros dos extremos por orden, repitiendo lo mismo: «Ahora la mediana y luego la larga». Al terminar la operación SE VERÁN LOS SEIS CABOS DE LAS CUERDAS ENTRE TUS DEDOS ÍNDICE Y PULGAR.

6 Luego, con la otra mano, tendrás que coger los tres últimos cabos. Quedarán las dos manos iguales, asomando tres cabos entre el pulgar y el índice. EN REALIDAD TE LLEVARÁS LA CUERDA MEDIANA Y LA LARGA, PORQUE LA CORTA HA QUEDADO HACIENDO EL LAZO.

¡Un truco fantástico!

El billete irrompible

NECESITAS

★ Un billete.

★ Un trozo de papel (del mismo tamaño que el billete) doblado por la mitad.

★ Un bolígrafo.

I Presentas el truco diciendo que vas a convertir un papel blanco en un billete y que será como tener una máquina de fabricarlos. Cuando tengas el billete en la mano dirás que lo vas a meter dentro del papel blanco, para que a este se le «pegue» el valor del billete y pueda transformarse.

Ahora introducirás el billete doblado dentro del papel. ¡OJO!: TIENES QUE DOBLAR UN BORDE DEL BILLETE HACIA DENTRO. El billete NO OCUPARÁ TODO EL PAPEL BLANCO.

Después dirás: «Ahora solo falta la tinta para conseguir otro billete». Meterás el bolígrafo también dentro del papel. Cuando llegues al doblez del papel, lo atravesarás con el bolígrafo, pero no romperás el billete porque está debidamente doblado. Pondrás cara de susto: «¡Oh, no, me lo he cargado!», al tiempo que coges el papel atravesado por el bolígrafo y lo muestras doblado.

Finalmente, usando tu varita mágica dirás: «Billete roto, billete destrozado, con estas palabras te devuelvo tu estado». Y harás aparecer el billete intacto.

★ Consejo mágico ★

Te recomendamos que antes de usar un billete de verdad lo practiques muchas veces con un trozo de papel del mismo tamaño.

El billete equilibrista

NECESITAS

★ Un billete (no muy pequeño).

★ Una moneda (o similar) de 2 o 2,5 cm de diámetro.

★ Tus manos.

I Pedirás un billete al público (si es grande mejor), pero la moneda la llevarás oculta. Luego doblarás el billete como muestra el dibujo, mientras aseguras que lo mantendrás en equilibrio en la punta del dedo. Fíjate en el doblez:

2 Mientras ellos prueban las veces que quieran, tú, disimuladamente, meterás la mano en el bolsillo y te guardarás la moneda en la mano, escondida, mediante alguna de las fórmulas que te hemos enseñado en el capítulo dedicado a trucos con monedas.

3 Cuando se cansen de probar cogerás el billete, de manera que, al acercártelo a la mano, lleves la moneda que tienes escondida hasta la yema del dedo índice. Ten cuidado de que no te vean maniobrar con ella.

Así lo ves tú... ...y así lo ven ellos.

4 Así, cuando pongas el billete sobre tu dedo índice, en realidad lo que sujetarás sobre este SERÁ LA MONEDA. Cuando vayas a dejar el billete solo tendrás que ponerlo en posición vertical, con la palma de la mano debajo, de manera que la moneda «caiga» en tu mano. Ahora ya PUEDEN PROBAR DE NUEVO TODAS LAS VECES QUE QUIERAN, PERO... ¡NO LES SALDRÁ!

★ Consejo mágico ★

Siempre debes llevar ropa con varios bolsillos y acostumbrarte a guardar lo que necesites para tus trucos en el mismo sitio. Hará que todo sea más fácil.

Los palillos bailarines

NECESITAS

★ Cinco palillos partidos por la mitad, sin que se rompan del todo.

★ Unas gotas de agua.

★ Un lápiz.

I

Lo primero que tienes que hacer es poner los palillos formando un círculo, unidos en la base por el punto en que están partidos; de esta manera quedará en el centro un espacio circular, como puedes ver en el dibujo de arriba. Después, mojando la base del lápiz, tendrás que echar una o dos gotas de agua, JUSTO en el espacio vacío que queda en medio de la figura de palillos.

2

Inmediatamente, COMENZARÁN A MOVERSE SOLOS, para sorpresa de todos.

3

Primero se agruparán de dos en dos, SIN TOCARLOS.

¡Sorprendente y mágico!

4

Y finalmente... SE CONVERTIRÁN EN UNA ESTRELLA. ¡FANTÁSTICO!

★ Consejo mágico ★

En un truco como este, si lo acompañas con una historia curiosa, harás que el espectáculo sea mucho más mágico. Habla de conjuros y pociones mágicas...

Las cerillas mágicas

NECESITAS

★ Una caja de cerillas gigantes (de las que sirven para encender chimeneas).

★ Unas tijeras.

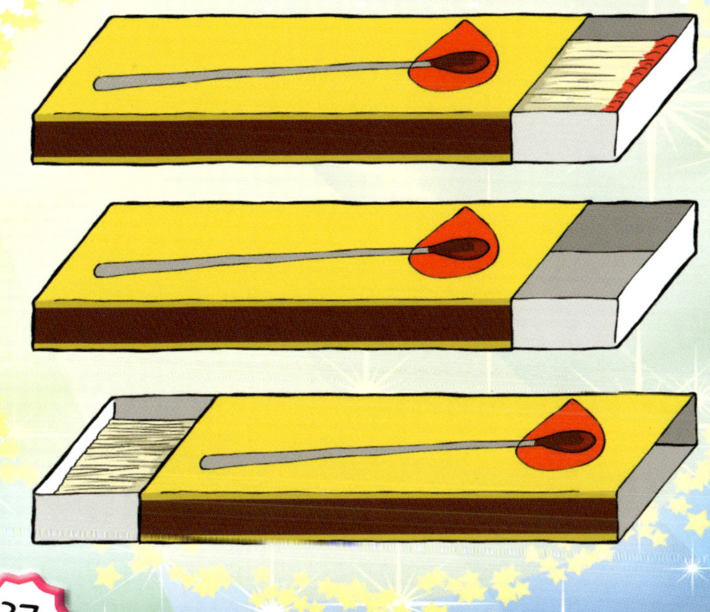

Queremos conseguir que, al abrir la caja por arriba y por abajo, unas veces se vea llena de cerillas y otras veces aparezca vacía.

Tendrás que cortar por la mitad la cajetilla interior.

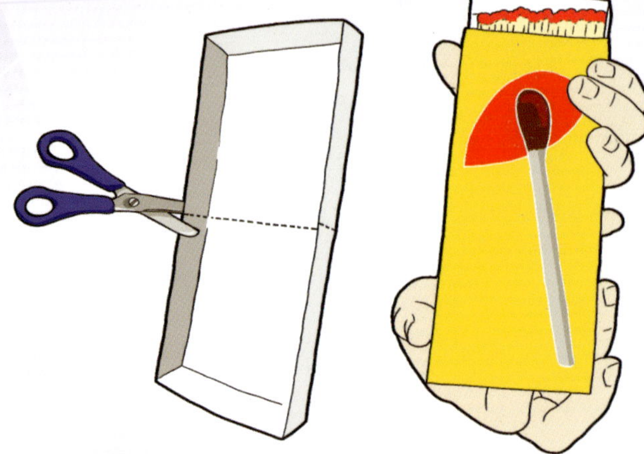

Una vez cortada, volverás a introducirla en la caja con normalidad. Después meterás las cerillas y ya está todo preparado para sorprender al público.

¡Cuidado con la tijera o el cúter!
Pide ayuda a un adulto.

1

Frente al público, mostrarás la caja en posición vertical.
Abrirás por arriba, empujando con el dedo la parte inferior de la caja, y mostrarás las cabezas de las cerillas por arriba.

Ten cuidado de no estirar mucho, no vayas a quedarte con la mitad de la caja en la mano...

2

Repetirás el paso 1, pero esta vez (con la caja en la misma posición) mostrarás la parte de abajo de las cerillas. Empujarás la caja desde arriba. El público verá que la caja está llena.

3 Pero la segunda vez que lo repitas, tras unos pases mágicos, ¡se verá la caja absolutamente vacía! ¿Cómo es posible? Claro, porque en lugar de empujar desde abajo las cerillas y la caja, empujarás muy poco y enseguida tirarás de la cajetilla interior, cogiéndola con la otra mano desde arriba. De este modo saldrá la mitad de la cajetilla cortada, y las cerillas se quedarán en el interior.

¡Magia potagia!

4 Después harás «aparecer» las cerillas. Para eso solo tendrás que dar un pase mágico y volver a empujar las cerillas desde abajo con los dedos (esta vez con más intención). La cajetilla interior… ¡estará llena de nuevo!

La caja mágica

Para empezar...

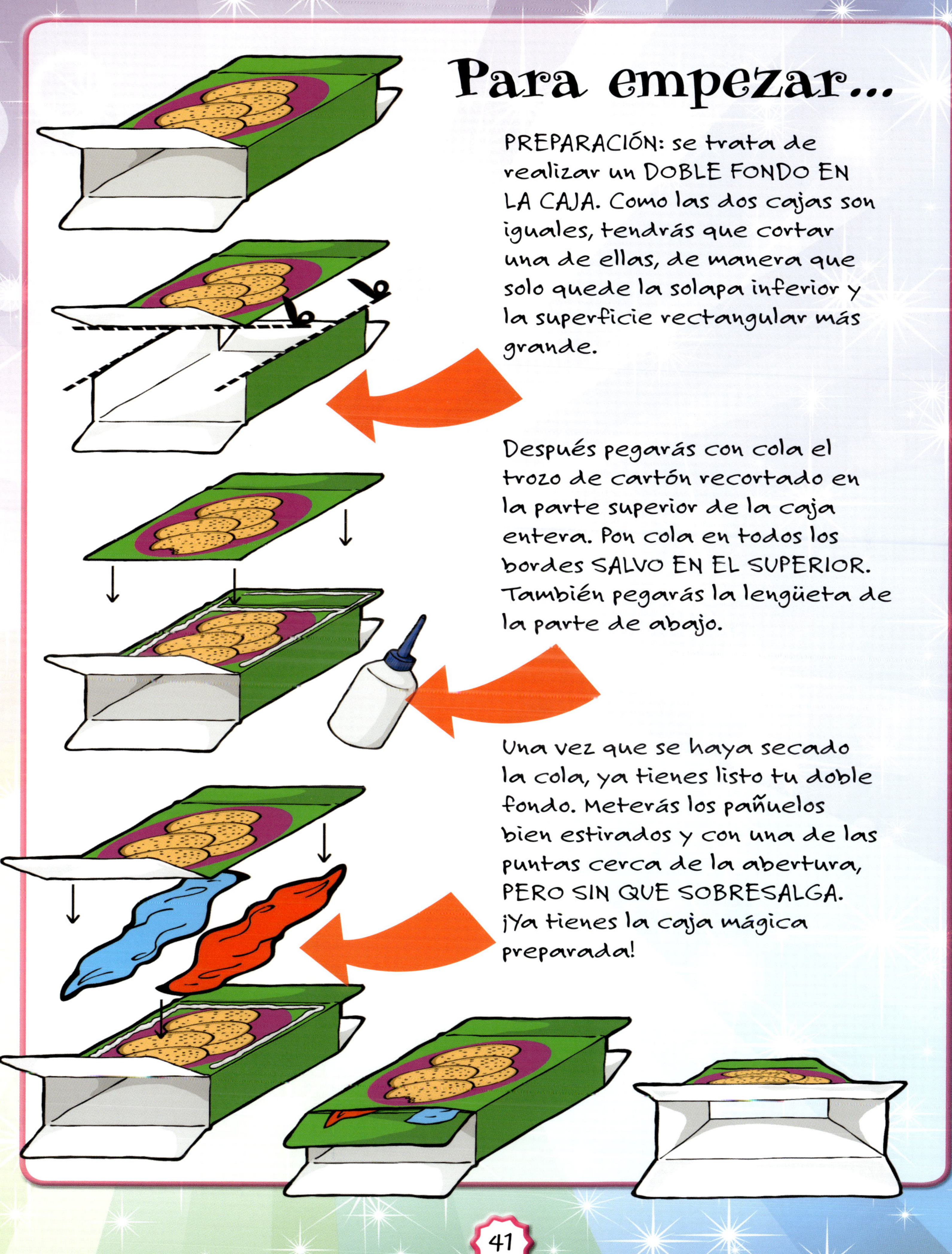

PREPARACIÓN: se trata de realizar un DOBLE FONDO EN LA CAJA. Como las dos cajas son iguales, tendrás que cortar una de ellas, de manera que solo quede la solapa inferior y la superficie rectangular más grande.

Después pegarás con cola el trozo de cartón recortado en la parte superior de la caja entera. Pon cola en todos los bordes SALVO EN EL SUPERIOR. También pegarás la lengüeta de la parte de abajo.

Una vez que se haya secado la cola, ya tienes listo tu doble fondo. Meterás los pañuelos bien estirados y con una de las puntas cerca de la abertura, PERO SIN QUE SOBRESALGA. ¡Ya tienes la caja mágica preparada!

2

Sacarás de tu maleta mágica la caja de galletas y te comerás una de ellas. Habrás tenido que pegar la parte inferior de la caja con un trozo pequeño de cinta adhesiva (para que no se salga la galleta que te vas a comer). Luego pedirás disculpas por interrumpir el espectáculo y, mirando la caja, dirás: «Bueno, ya que he terminado de merendar, aprovecharemos la caja». Despegando la cinta adhesiva, como si fuera una caja sin trucar, MOSTRARÁS que está VACÍA, sujetando con los dedos la parte que tiene el doble fondo, para que el público vea a través de la caja.

3

Después de mostrar, con mucha claridad, que la caja está vacía, cerrarás las solapas de la parte de abajo, colocarás la caja EN VERTICAL, la acercarás a ti y luego mirarás en su interior. Meterás la mano, introducirás un dedo en el doble fondo, alcanzarás la puntita de uno de los dos pañuelos y...
¡LO SACARÁS DE LA NADA!

Es necesario que la caja no esté horizontal para que no vean de dónde sacas el pañuelo.

★ **Consejo mágico** ★

Ten siempre todos tus objetos mágicos a mano. Lo mejor es tener una MALETA DE MAGO con todo el material preparado para ir sacándolo cuando lo necesites.

4

Repetirás los dos pasos anteriores: VOLVERÁS A MOSTRAR LA CAJA VACÍA Y SACARÁS EL SEGUNDO PAÑUELO. ¡Ahora sí que se han quedado PASMADOS!

Trucos graciosos

El pañuelo que llueve

★ Un pañuelo de tela.
★ Una bolsa de plástico pequeña (que quepa dentro del pañuelo).
★ Un trocito de esponja.
★ Agua.

Este truco no necesita presentación. Basta con hacerlo para arrancar las risas del público. Lo que sí necesita es un poco de preparación. Lo primero que tienes que hacer es doblar el pañuelo, de manera que quede como un «saquito»: primero lo doblarás por la mitad y después doblarás los otros dos lados, dejando un espacio en el centro para luego meter la esponja dentro del pañuelo.

Además de quedarse asombrado, el público se reirá un montón.

En la bolsa de plástico introducirás la esponja totalmente empapada de agua (antes de hacer el truco en público, prueba a ver qué cantidad exacta de agua necesitas para que el truco dé resultado). Luego meterás la bolsa con la esponja dentro del «saquito» que has hecho con el pañuelo.

¡Un truco inesperado!

3

Te meterás el pañuelo en el bolsillo (si es el bolsillo de una chaqueta, mejor). El pañuelo tiene que quedar vertical, con la abertura de la bolsa hacia arriba, de manera que la esponja y el agua no puedan salirse.

4

Cuando lo creas oportuno, en medio de un truco largo, o cuando quieras despistar al público o fingir que un truco no te sale bien, dirás: «Un momento, que estoy agotado, voy a secarme el sudor».
Entonces sacarás el pañuelo, desdoblarás los dos laterales y te secarás el sudor de la frente.
Y, poniéndolo en horizontal, LO ESCURRIRÁS con fuerza.
El agua saldrá de su interior y goteará, como si te hubieras secado medio litro de sudor.

★ **Consejo mágico** ★

Otra variante para este truco es que finjas que lloras y te suenas la nariz, haciendo grandes aspavientos y sonidos acordes.

El pañuelo saltarín

1

Lo primero que necesitas hacer es «preparar» el pañuelo. En realidad solo tendrás que envolver la pelota de goma con la tela. Puedes «atarla» con el hilo transparente para que no se caiga. Lo más IMPORTANTE es que no parezca que es una pelota envuelta, sino que tiene que parecer UN PAÑUELO ARRUGADO. Por eso, si el pañuelo es grande ¡te saldrá mejor!

2

Cuando lo tengas bien preparado, TE GUARDARÁS EL PAÑUELO (con la pelota dentro) EN EL BOLSILLO.
Como el truco anterior, NO NECESITA PRESENTACIÓN. Basta con elegir el momento adecuado para realizarlo. Lo mejor es que elijas una situación en la que necesites atraer la atención del público o simplemente hacerle reír bien a gusto.

★ Consejo mágico ★

Si quieres ser un mago con sentido del humor, de los que hacen reír al público, te aconsejamos que te aprendas algunos chistes para incluir en tu espectáculo de magia.

¡El truco del almendruco!

3 Tendrás que hacer creer que tienes mucho calor. Puedes hacerlo diciendo lo cansado que es ser mago. O, si estás en mitad de otro truco, puedes decir: «Este truco me está costando mucho, estoy sudando la gota gorda».

4 Entonces sacarás el pañuelo del bolsillo y te secarás el sudor, con mucho TEATRO.

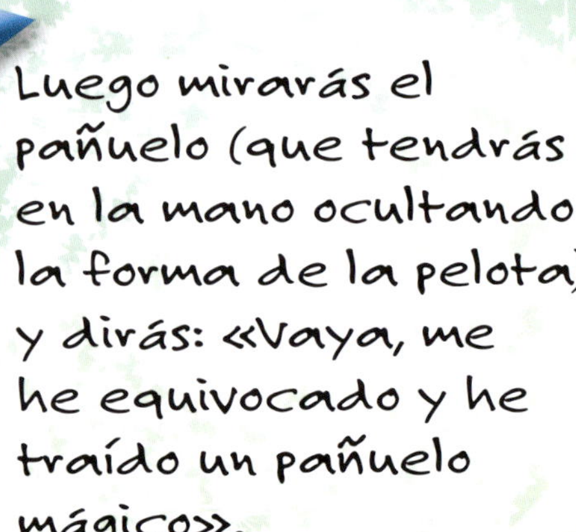

5 Luego mirarás el pañuelo (que tendrás en la mano ocultando la forma de la pelota) y dirás: «Vaya, me he equivocado y he traído un pañuelo mágico».

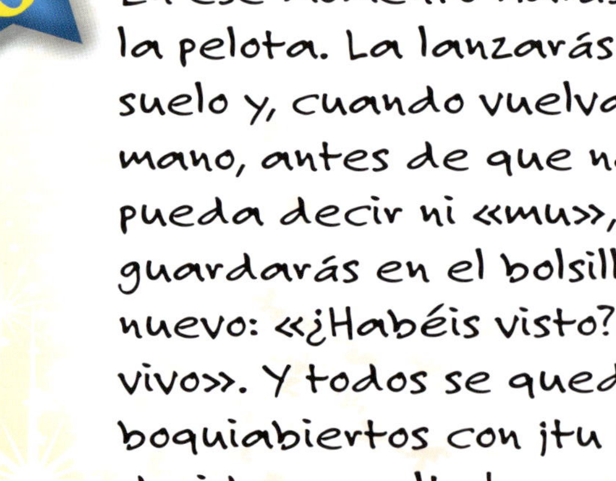

6 En ese momento harás botar la pelota. La lanzarás al suelo y, cuando vuelva a tu mano, antes de que nadie pueda decir ni «mu», la guardarás en el bolsillo de nuevo: «¿Habéis visto? Está vivo». Y todos se quedarán boquiabiertos con ¡tu pañuelo de ida y vuelta!

La galleta mágica

La presentación de este truco es muy importante. Tienes que decir al público que eres capaz de comerte la galleta teletransportándola desde debajo del sombrero a tu boca sin tocar el sombrero en ningún momento para cogerla.

¡Atención, atención!

Puedes retar al público:
«¿Pensáis que es imposible?
Pues os lo voy a demostrar».

Para demostrarlo harás
que un voluntario se
acerque a la mesa y
lo vea todo desde bien
cerca.

Cuando el voluntario esté
a tu lado le dirás que él
mismo esconda la galleta
debajo del sombrero. Que
compruebe, si quiere, que
el sombrero no tiene truco
antes de hacerlo.

Cuando el voluntario haya dejado
la galleta debajo del sombrero,
recitarás las PALABRAS MÁGICAS:
«Abracadabra,
pata de cabra.
Esta galleta
que está ahí quieta
vendrá a mi boca
y nadie la toca.
Abracadabra,
pata de cabra».

En este
truco es muy
importante el
teatro, para
que se rían con
más ganas.

6 Cuando hayas recitado esta fórmula mágica, o cualquier otra que te hayas inventado, tendrás que SIMULAR QUE TE ESTÁS COMIENDO LA GALLETA. Mastica, haz ruido como si tuvieras la boca llena de galleta (como en realidad no tienes la boca llena, no es de mala educación), mientras dices: «¡Mmmm, qué buenísima está la galleta!».

7 El voluntario te mirará con cara rara, porque le costará creer que realmente te has comido la galleta. Entonces le dirás: «Por favor, ¿quieres levantar el sombrero para comprobar que me he comido la galleta?».

8 Cuando el voluntario levante el sombrero, la galleta seguirá allí. Entonces... ¡ZAS!, tienes que cogerla rápidamente y darle un mordisco mientras exclamas: «¡TACHÁN! ¡me he comido la galleta sin tocar el sombrero! ¡Soy el mejor mago del mundo!».

★ **Consejo mágico** ★

A veces es bueno ensayar frente a un espejo para coger confianza con tu cuerpo y tu soltura al realizar los trucos.

La caja de cerillas loca

1

Harás como los magos ambulantes, que escondían una bolita debajo de uno de los tres vasos al revés y los movían a toda velocidad... En este caso volverás loco al público para que intente adivinar en qué cajas están las cerillas. ¡Ojo, las tres cajas estarán vacías (pero eso no lo saben ellos)!

2

PREPARACIÓN: tan solo tienes que esconder la caja de cerillas pequeña (llena) en tu manga. Para evitar que se mueva y el público lo note, puedes sujetarla al brazo con una goma elástica. Ten cuidado de no mover mucho el brazo PARA QUE NO LAS OIGAN ANTES DE TIEMPO.

3

Deberás poner las tres cajas de cerillas grandes juntas sobre la mesa. Estas estarán vacías. Retarás al público a que adivine preguntando: «¿Qué caja contiene las cerillas?». Después de decir esto, moverás la caja que quede al lado de la mano donde guardas la caja escondida en la manga. Moverás mucho el brazo, de manera que suenen las cerillas (las que tienes en la manga).

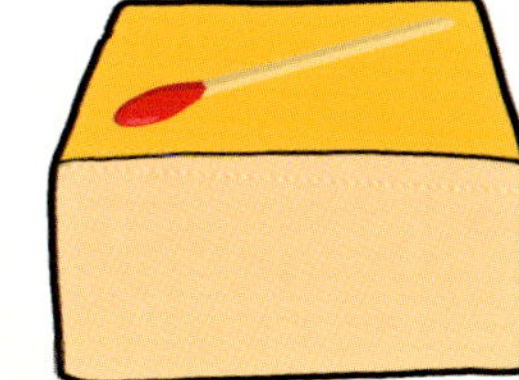

4

Después moverás con la otra mano (la que no tiene nada escondido en la manga) las otras dos cajas para que constaten que no tienen cerillas.

¡Risas y magia asegurada!